AF314048

17 decembre 1850

CATALOGUE

DE

TABLEAUX

ANCIENS ET MODERNES,

**Dessins à l'Aquarelle, Gouaches, Gravures,
Grands Ouvrages à Figures, Recueils et Livres
bien conditionnés,**

Formant la deuxième partie de la Vente d'Objets d'Art

Après le Décès de M. ODIOT père,

Ancien Orfèvre,

LA VENTE AURA LIEU POUR CETTE PARTIE,

LE MARDI 17, MERCREDI 18, ET JEUDI 19 DÉCEMBRE 1850,

heure de midi,

EN SON HOTEL,

Rue de l'Oratoire du Roule, 20,

Par le ministère de Mᵉ **BONNEFONS DE LAVIALLE**,
Commissaire-Priseur, rue de Choiseul, 11.

Et Mᵉ **DUCROCQ**, son confrère, rue des Bons-Enfants, nº 30,

Assistés de M. **DEFER**, expert, quai Voltaire, n. 21.

Chez lesquels se distribue le présent Catalogue.

EXPOSITION PUBLIQUE

Les Samedi 7 et Dimanche 8 Décembre 1850, de midi à quatre heures, en
même temps que les objets de curiosités dont la vente précédera celle des
Tableaux, et dont le Catalogue se distribue chez les Commissaires-Priseurs,
et M. **MANNHEIM**, marchand de Curiosités, rue de la Paix, n. 8.

PARIS

IMPRIMERIE ET LITHOGRAPHIE DE MAULDE ET RENOU,

Rue Bailleul, 9 et 11, près du Louvre.

1850.

7050

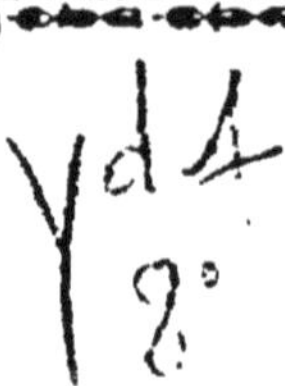

CATALOGUE

DE

TABLEAUX

ANCIENS ET MODERNES,

Dessins à l'Aquarelle, Gouaches, Gravures,
Grands Ouvrages à Figures, Recueils et Livres
bien conditionnés,

Formant la deuxième partie de la Vente d'Objets d'Art

Après le Décès de M. ODIOT père,

Ancien Orfèvre,

LA VENTE AURA LIEU POUR CETTE PARTIE,

LE MARDI 17, MERCREDI 18, ET JEUDI 19 DÉCEMBRE 1850,

heure de midi,

EN SON HOTEL,

Rue de l'Oratoire du Roule, 20,

Par le ministère de M⁺ BONNEFONS DE LAVIALLE,
Commissaire-Priseur, rue de Choiseul, 11.

Et M⁺ DUCROCQ, son confrère, rue des Bons-Enfants, n° 30,

Assistés de M. DEFER, expert, quai Voltaire, n. 21.

Chés lesquels se distribue le présent Catalogue.

———◦—◦—◦———

EXPOSITION PUBLIQUE

Les Samedi 7 et Dimanche 8 Décembre 1850, de midi à quatre heures, en
même temps que les objets de curiosités dont la vente précédera celle de
Tableaux, et dont le Catalogue se distribue chez les Commissaires-Priseurs,
et M. MANNHEIM, marchand de Curiosités, rue de la Paix, n. 8.

———◦◦◦———

PARIS

IMPRIMERIE ET LITHOGRAPHIE DE MAULDE ET RENOU,

Rue Bailleul, 9 et 11, près du Louvre.

1850.

D 5413

ORDRE DES VACATIONS.

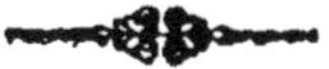

L'ordre numérique sera suivi.

VACATION *du Mardi 17 Décembre 1850.*

Dessins, Tableaux, du n° 1 au n° 80.

VACATION *du Mercredi 18 Décembre 1850.*

Gravures, Dessins, et Livres à figures, du n° 81 au n° 169.

VACATION *du Jeudi 19 Décembre 1850.*

Les Livres, du n° 170 au n° 280.

CONDITIONS DE LA VENTE.

Les acquéreurs paieront, en sus des adjudications, cinq
pour cent, applicables aux frais de vente.

DEUXIÈME PARTIE.

Tableaux, Dessins, Estampes, Grands Ouvrages à Figures et Livres, composant la Bibliothèque.

PREMIÈRE VACATION.

Du Mardi 17 Décembre 1850.

DESSINS & TABLEAUX.

DESSINS.

1 — Quatre dessins, figures allégoriques par Garneray et Moitte.

2 — Cinq aquarelles et sépia, par Alaux, Cicéri, Bourgeois, etc.

3 — Vue de l'ancien Châtelet de Paris, dessin lavé à l'encre de Chine.

INCONNU.

4 — Cerfs, biche et gazelle, deux dessins lavés à l'encre de Chine.

THIENON.

5 — Vue d'Italie, deux aquarelles.

LETHIERE.

6 — Costume romain, dessin à la plume et lavé.

7 — L'Amour considérant le portrait de Psyché.

DELARUE.

8 — Un Priape. Dessin à la plume et au bistre, cadre sculpté.

GOUACHES ITALIENNES.

9 — Vues des divers monuments de Rome, tels que Saint-Pierre, le Panthéon, le Colysée, le Capitole, etc. Trois cadres contenant 23 dessins à la gouache.

10 — Dix dessins à l'aquarelle par *S. Leroy, Grégorius*, etc., d'après les tableaux de Teniers, G. Dow, Mieris, Metzu, du musée national. Ces dessins ont servi pour l'ouvrage publié par Filhol. Cet article sera divisé.

M. VAN OS.

11 — Etude de paysage, gouache.
12 — Autre étude aussi à la gouache.
13 — Deux autres études.

TABLEAUX.

SAUVAGE.

14 — Une grisaille en forme de frise.

Valin (genre de).

15 — Paysage avec baigneuse.

Valin (genre de).

16 — Nymphes et bacchantes, deux tableaux.

Ecole Hollandaise.

17 — Vue d'un château hollandais entouré d'eau. Tableau sur bois.

M. Tanneur.

18 — Paysage avec rivière.

Jordaens (attribué à).

19 — Tête de jeune garçon jouant de la flûte.

M. *, artiste moderne.**

20 — Salle des antiques au musée du Louvre (société des arts 1820).

Cochereau.

21 — Salle du xvi⁰ siècle, au musée des monuments français.

Wafflard.

22 — Episode de la mort de Sapho. Exposé au Salon de 1819.

Boilly.

23 — L'Averse. Toute une famille passe un ruisseau sur la planche officieuse que vient de placer un commissionnaire.

MALLET.

24 — Intérieur où se voient trois personnages,
dont une jeune femme donnant le sein à
son enfant.

DROLLING.

25 — Distribution gratis de vins aux Champs-Ely-
sées.

26 — Distribution de comestibles au pied de la colonne de la place Vendôme.

FRANCE DE LIÉGE.

27 — Intérieur d'une tabagie, composition ani-
mée de 14 figures. Tableau sur bois.

Mlle GÉRARD.

28 — Jeune fille faisant sa prière au pied de son
lit.

VELASQUEZ (école de).

29 — Bacchanale au silène, composition de douze
figures à mi-corps.

M. BELLANGÉ.

30 — Avant-poste de voltigeurs.

31 — Intérieur d'écurie où se voient deux lan-
ciers polonais de la garde impériale. Pendant du tableau précédent.

DU MÊME (1824).

32 — Bonaparte au passage du pont d'Arcole. Épisode des campagnes d'Italie.

Du même.

33 — Épisode du siége de St-Jean d'Acre. Grand
tableau.

Ecole hollandaise.

34 — Un canal où se voient des patineurs. Tableau
sur bois signé du monogramme A. H.

Raguenet, peintre français sous Louis XV, en 1754.

35 — Vue de la place de l'Hôtel-de-Ville à Paris,
le jour d'une fête donnée par le Prévot
et les échevins.

36 — Vue de la Samaritaine sur le pont Neuf à
Paris.

37 — Vue du château des Tuileries.

Demachy.

38 — Vue de la place Louis XV. Louis XVI et
Marie-Antoinette s'y promènent accom-
pagnés d'une suite nombreuse et d'un
détachement de garde française.

Taunay.

39 — Vue d'un port de mer animé de figures.

Prud'hon.

40 — Les Génies des Arts, petite esquisse pour
le tableau exécuté au plafond de la salle
du Laocoon, au musée des Antiques au
Louvre. Cette esquisse a été donnée par
Prud'hon à M. Lavallée, secrétaire du
musée Napoléon.

GUÉRIN.

41 — Deux Génies, esquisse pour le tableau exécuté au plafond de la salle de Laocoon, au musée des Antiques au Louvre. Cette esquisse a été donnée par Guérin à M. Lavallée, secrétaire général du musée Napoléon.

M. HORACE VERNET (d'apres).

42 — Episode de la défense de Paris, en 1814. Le Maréchal Moncey donne des ordres à M. Odiot, commandant de la garde Nationale, un peu plus loin des artilleurs pointent une pièce de canon, l'un d'eux est M. Horace Vernet. La Scène se passe à la barrière Clichy. Cette copie a été peinte par M. Montfort élève de M. Horace Vernet. Le tableau original peint pour M. Odiot a été donné par lui à la chambre des pairs avec plusieurs pièces d'argenterie exposées au musée du Luxembourg.

M. HORACE VERNET 1825.

43 — Etude de Napoléon au lit de mort, signé *Horace Vernet 1825.*

JACOB DE VANDER (signé).

44 — Intérieur d'estaminet, cinq figures. Bon tableau sur bois.

JEAN LE DUC.

45 — Des soldats avec des filles de joies ; composition de dix figures. Tableau sur bois.

DEMARNE.

46 — Vue d'un canal.

47 — Vue d'une grande route.

A. SCHEFFER 1828.

48 — Scène de naufrage, un jeune homme est retiré de l'eau par un vieux matelot.

JOSEPH VERNET (école de).

49 — Soleil couchant et effet de brouillard. Deux tableaux marine.

HOREMANS.

50 — Deux ménétriers nomades faisant danser un paysan et une paysanne à la porte d'une auberge. Très bon tableau du maître, il est signé.

DU MÊME.

51 — Intérieur où se voient un charcutier, un cordonnier et deux jeunes enfants, dont l'un fait de la dentelle, l'autre joue avec des bulles de savon. Ce tableau fait pendant du précédent, il est aussi signé.

FRAGONARD fils.

52 — Jean Goujon sculptant, son groupe de Diane de Poitiers sous la figure de Diane chasseresse.

53 — Sujet des amours des rois de France. Pendant du précédent.

LARGILLIÈRE.

54 — Portrait de Germain, orfèvre du roi, et de son épouse.

CÉSAR VANLOO, 1801.

55 — Effet d'incendie, effet de neige. Deux tableaux faisant pendant.

ROBERT LEFÈVRE.

56 — Trois têtes d'expression dans un même cadre.
57 — Deux têtes de jeune fille.
58 — Jeune fille tenant un chat.

LAURENT (d'après).

59 — Marguerite de Valois et son fils au tombeau de son époux.

WAFFLARD.

60 — Héloïse et Abéilard. Deux tableaux.

SAINT-HUBER.

61 — Femme juive en invocation. Salon de........ N° 860.

SWAGERS,

62 — Deux paysages intérieur de forêt. Dans l'un une chasse, dans l'autre des animaux et des pâtres.

JÉRÔME BOS ou BUS.

63 — Le Jugement dernier. Bon tableau sur bois
dans la manière de Rottenhamer.

DROLLING.

64 — Petite fille avec sa poupée.

65 — Petit garçon faisant danser un chien.

MENJAUD.

66 — François 1er et la Belle Ferronnière.

GREUZE (d'après).

67 — Tête de jeune fille.

COTTIBERT.

68 — Scènes d'enfants. Deux petits tableaux de
forme ovale ; ils sont sur bois.

PATEL.

69 — Paysages avec figures représentant l'hiver
et l'automne. Deux tableaux sur cuivre
de forme ronde.

GIRODET (École de).

70 — Jupiter et Ganimède.

ÉCOLE MODERNE.

71 — Très grand paysage. Vue en France.

ÉCOLE FRANÇAISE.

72 — Vénus et les amours. Très jolie miniature
sur ivoire.

12

M. Marin Lavigne.

73 — Sœur de charité soignant un soldat malade.

Van Gorp.

74 — Une jeune fille à sa toilette.

Rondi, 1838.

75 — Intérieur d'un cloître.

Inconnu.

76 — Tableaux de fruits et pièces d'argenterie.

Laurent d'Epinal.

77 — Un jeune menestrel.

Dubuffe (d'après M.)

78 — Tête de jeune fille.

79 — Un tableau sur cuivre où sont représentés des fragments antiques et pierres gravées.

Ecole flamande.

80 — Moine jouant aux cartes.

DEUXIÈME VACATION.

Le Mercredi 18 Décembre 1850.

ESTAMPES, DESSINS, LIVRES A FIGURES, RECUEILS, ETC.

81 — Trente estampes encadrées, d'après Prud'hon, Fragonard, Ducis, etc., seront divisées sous ce numéro.

82 — Vénus qui caresse l'Amour, d'après le Cor-
rége, par Guérin, épreuve avant la
lettre.

83 — La colonne trajanne, par Piranèse.

WOOLLETT, graveur anglais.

84 — Scène de comédie, d'après Richard, estampe
dite le Petit Moulin, épreuve avant la
lettre, les noms à la pointe.

GODEFROY.

85 — La revue du premier consul, d'après C. Vernet et M. Isabey.

M. JAZET, graveur en aquatinte.

86 — Le Serment du Jeu de Paume, d'après David.

87 — Le Couronnement de l'empereur Napoléon,
d'après David.

88 — La Barrière de Clichy, d'après M. H. Vernet, épreuve avant la lettre.

89 — Quatre dessins à l'aquarelle, intérieurs d'ap-
partements de M. Odiot père.

90 — Quatre dessins d'architecture pour la cité
Odiot.

91 — Deux dessins à la sépia, bas-reliefs antiques.

92 — Deux grands dessins d'ornements, style de
Percier; un est colorié.

ÉCOLE FRANÇAISE.

93 — Sujet de l'histoire ancienne, une bataille, aquarelle.

M. LE BLANC.

94 — Tirailleurs de la garde impériale.

M. WATELET, 1822.

95 — Paysage à l'aquarelle.

GRANET (Manière de).

96 — Vestiges d'anciens monuments, aquarelle.

SCHAAL.

97 — Paysage avec baigneur et baigneuse dans une barque, gouache.

GARNEREY.

98 — Les trois barques, aquarelle.

BALZAC, architecte de la commission d'Égypte.

99 — Vue prise en Égypte sur les bords du Nil, très grand dessin lavé à l'aquarelle.

CARESME, 1780.

100 — Bacchanales, deux dessins lavés à la sépia.

NOEL.

101 — Calme et Orage, deux marines à la gouache.

DU MÊME.

102 — Un Orage, gouache.

Melling, 1803.

103 — Là Marché du grand-seigneur sortant du
sérail pour se rendre à la mosquée, aquarelle en forme de frise,

École moderne hollandaise.

104 — Combat naval et divers bâtiments en panne,
deux dessins à la plume et lavés à l'encre
de Chine.

École italienne.

105 — Vues extérieure et intérieure du théâtre de
Saint-Charles, à Naples, pendant le car-
naval, deux grandes aquarelles.

C. Vernet, 1805.

106 — Un Mameluck conduisant un cheval par la
bride, aquarelle.

François Gérard.

107 — Sujet pour les Bucoliques de Virgile, dessin
à la plume lavé à l'encre de Chine.

M. Debacq.

108 — Docteur-médecin du XV.ᵉ siècle; il tient le
pouls à une jeune fille qui vient le consul-
ter, aquarelle.

Vianélla.

109 — Vue du couvent de Ferrare où s'est retiré
le Tasse, dessin à la sépia.

THIBAULT.

110 — Vue d'un riche palais romain, très grand dessin à l'aquarelle.

THIBAUT, architecte, 1810.

111 — Vue d'une vigne d'une villa de Rome.

MM. DEBRET et LE BAS, architectes.

112 — Dessin à l'aquarelle du trône impérial aux Tuileries.

PERCIER.

113 — Un dessin de meuble à la plume.

PERCIER (École de).

114 — Un dessin d'architecture, aquarelle.

VANSPAENDONCK.

115 — Grappe de raisin muscat, étude à l'aquarelle mêlée de gouache.

MEUNIER, architecte, 1791.

116 — Réunion de divers monuments de Paris : le Panthéon, la Porte-Saint-Denis, la Fontaine des Innocents, etc. Dessins à l'aquarelle.

MARLAY.

117 — Visite de Son Excellence Asker-Kan, ambassadeur de Perse, à Son Excellence M. le comte de Champagny, ministre des relations extérieures en 1808. Aquarelle.

118 — Des Danseuses, suite de douze gouaches ita-
li ennes, d'après les peintures d'Hercula-
num.

BIBLIOTHÈQUE.

LIVRES A FIGURES, RECUEILS D'ESTAMPES, VOYAGES, GALERIE, MUSÉE, ETC.

119 — Histoire du Palais-Royal, lithographiée,
texte par Vatout. *Paris, Motte,* in-fol.,
dem.-rel.

120 — Galerie lithographique du duc d'Orléans.
Paris, Motte, 2 vol. in-fol., dem.-rel.

121 — Galerie lithographique de la duchesse de
Berry. *Paris, Bonnemaison,* 2 vol. in-fol.,
dem.-rel.

122 — Galeries de Florence et du palais Pitti. *Paris, Masquelier,* 4 tom. en 2 vol. in-fol.,
dem.-rel. Exempl. dont les 37 premières
liv. sont avant la lettre.

123 — Salle des Croisades, à Versailles. *Paris,
Gavard,* in-fol., dem.-rel., blasons co-
loriés.

124 — Histoire de l'armée française, depuis 1792
à 1832, par Léon Coigniet et Raffet, li-
thographies par Lanta et Midy. In-fol.,
dem.-rel., fig. col.

125 -- Le Temple de la Gloire, ou les Fastes militaires de la France, par le général A. Jubé. *Paris*, 1819, 2 vol. in-fol., dem.-rel.

126 — Tableau historique de la Révolution française, par Auber. *Paris*, 1804, 3 vol., v. éc.

127 -- Voyage romantique en France, par Nodier, Taylor et de Cailleux. *Paris, Gide*, 5 vol. in-fol., dem.-rel. — La Normandie, 2 vol. — La Franche-Comté, 1 vol. — L'Auvergne, 2 vol. Ces trois ouvrages seront vendus séparément.

128 — Description de l'Egypte. *Paris, Panckoucke*, 11 vol. gr. in-fol. de planches et 26 vol. in-8 de texte, dem.-rel.

129 — Voyage à Athènes, par Dupré, 2 vol. in-fol., fig. col.; dans le deuxième volume sont jointes les vues de Constantinople, de Perthuisier; et les 3 vol. de texte in-8.

130 — La Chine et les Chinois, dessinés d'après nature et lithographiés à deux teintes par Cicéri. *Paris, Goupil*, in-fol., dem.-rel., 32 pl.

131 — Mœurs et usages de la Chine, par Malpierre. *Paris, l'auteur*, 1825, 2 tomes en 1 vol. in-fol., dem.-rel., fig. col.

132 — Les peuples de la Russie, par le comte de Shakelberg. *Paris*, 1812, 2 vol. in-fol., fig. col.

133 — Scènes de la vie privée et publique des animaux, par Granville. *Paris, Hetzel*, 1842, gr. in-8, dem.-rel.

134 — Caricatures diverses, politiques, mœurs, scènes diverses depuis 1814 à 1840, 3 vol. pet. in-fol. et 2 gr. in-fol., dem.-rel., une grande partie est coloriée.

135 — La Henriade. *Paris, Dubois*, 1825, portrait et sujet lithographié par MM. Mauzaise et H. Vernet, in-fol., dem.-rel.

136 — Fables de La Fontaine, figures lithographiées par C. Vernet, H. Vernet, Hte Lecomte. *Paris, Engelman*, 1818, 2 vol. in-fol., obl., dem.-rel., dans des étuis.

137 — Monuments français inédits pour servir à l'histoire des arts, par Willemin. *Paris*, 1845, 2 vol. in-fol., contenant 48 livraisons, fig. col.

138 — Choix de costumes civils et militaires des peuples de l'antiquité, par Willemin. *Paris*, 1798, 2 vol. in-fol.

139 — Les arts au moyen-âge et ce qui concerne le palais Romain de Paris, l'hôtel de Cluny et les objets d'art classés dans cette collection, par Dusomerard. *Paris*, 1838 à 1843, 4 vol. in-8 de texte et 10 séries et atlas, 11 vol. in-fol., dem.-rel.

140 — Iconographie des contemporains. *Paris, Delpech*, 2 vol. in-fol., dem.-rel.

141 — Galerie de peintres, par Chabert. *Paris*, 1826, 3 vol. in-fol., fig., lithographiées.

142 — Galerie française ou collection de portraits de personnages célèbres au XV°, XVI° et XVII° siècle. *Paris*, 1823, 3 vol. in-4, dem.-rel.

143 — Lettres sur la Suisse, par Saserac, avec vues dessinées d'après nature, par Vilneuve. *Paris*, 1823, 2 vol. in-fol., dem.-rel.

144 — Habitations des personnages les plus célèbres de France, de 1790 à nos jours, dessinées par Regnier et lithographiées par Champin, 100 pl. in-fol., obl., dem.-rel.

145 — Voyage de la Pérouse autour du monde, rédigé par Milet Mureau. *Paris*, 1797, 4 vol. in-4 et atlas in-fol., dem.-rel. Portrait de la Pérouse gravé par Tardieu, en tête.

146 — Voyage de Naples et Sicile, par St-Non. Le 1er vol. seulement.

147 — Souvenirs de Coucy, dessins lithographiés de M. de l'Epinois. *A Coucy*, 1834, in-fol., dem.-rel. Dans le même vol. une suite de 54 figures d'après les peintures grecques.

148 — Château de Chambord, par de la Saussaye. *Chambord*, 1827, pet. in-fol.

149 — Vues de Provins, lithographiées en 1822, texte par Dusomerard. *Paris, Gide*, 1823, in-4, dem.-rel.

150 — Vues des côtes de France, par Garneray.
Paris, Panckoucke, 1823, in-fol., dem.-
rel.

151 — Le journal l'Illustration, de 1843-1847,
9 vol. in-fol., dem.-rel.

152 — Physiologie de l'esprit. Histoire de la géné-
ration de l'homme, par Grimaud de
Caux. Paris, Cousin, 1837, in-4, dem.-
rel., fig. col.

153 — Les couvents, par Louis Lurine et Alphonse
Brot, illustrés par Tony Johannot. Paris,
Mallet, 1846, gr. in-8, dem.-rel.

154 — Faits mémorables des empereurs de la
Chine, par Helman. In-4, dem.-rel., fig.

154 bis — Fables de Psyché, de La Fontaine. Paris,
Didot, in-4, v. f., fil., fig. de Moreau Le-
jeune.
Le même ouvrage cartonné.

155 — Galatée de Florian. Paris, Defer de Maison-
Neuve, 1798, in-4, cart.

156 — Architecture moderne de la Sicile, par
Hittorff. Paris, 1825, 18 liv. en 2 vol.
in-fol., dem.-rel.

157 — Les antiquités inédites de l'Attique, etc.
Paris, Didot, 1823, in-fol., cart.

158 — Admiranda Romanarum antiquitatum, etc.,
santo Bartoli. Roma, 1793, in-fol., obl.,
dem.-rel.

159 — Les stucs de Raphaël au Vatican. 12 pièces
dans un vol. in-fol., (manque les n°s 5 et
6) plus 2 pl. d'après le Tintoret.

160 — Choix des plus belles fleurs, par Redouté.
    Paris, 1827, in-4, dem.-rel., pl. col.

161 — Histoire naturelle des oiseaux de Paradis,
    par Le Vaillant. *Paris*, 2 vol. in-fol.,
    dem.-rel., pl. col.

162 — Ménagerie nationale, par Lacépède et Cu-
    vier, in-fol., dem.-rel. *Paris, Miger.*

163 — Décorations intérieures d'ameublements,
    par Percier et Fontaine. *Paris*, 1812,
    in-fol., dem.-rel.

164 — Scènes napolitaines, par Bianchi. *Naples*,
    1829, in-fol., fig. col.

165 — Costumes de Rome, par Lemercier, in-fol.,
    fig., lith. col., dem.-rel.

166 — Costumes de Naples, par Guetano Dura.
    Paris, 1833, in-4, fig., lith. col.

167 — Le musée pour rire. *Paris, chez Aubert.*
    — Les contre-temps, par Monnier, Faust,
    itinéraire de Bade-Bade.

168 — Journal des artistes. Illustration, in-8, obl.

169 — Entretiens de Phocion, par Mably. *Didot*,
    l'an viii, in-4, m. r. fil., tr. dor., fig. de
    Moreau le jenne.

Le Jeudi 19 Décembre 1850.

LIVRES.

HISTOIRE, SCIENCES ET ARTS, BELLES-LETTRES.

170 — 400 vol. environ in-8 et in-12 reliés et brochés, sur l'histoire, les sciences et les lettres. Cet article formera plusieurs lots.

171 — Divers volumes et livraisons de la Revue des Deux-Mondes, Société d'encouragement pour l'industrie, l'Algérie pittoresque, Journal des Artistes, etc.

172 — 80 vol. divers in-12, mémoires de Sully, œuvre de l'abbé Marolles, etc.

173 — 36 vol. in-8, dem.-rel., mémoires de Vidocq, œuvre de Champfort. Chaumerot, 1824, 5 vol.; histoire de Napoléon, par de Segur, manuscrit de 1812.

174 — 16 vol. in-12, in-18, reliés, dont les Princes célèbres, la Henriade, Fabliaux, Faublas, Vauvenargues, Boileau, Laïdé, Histoire espagnole, Roland d'amour, le chevalier Hamilton, etc.

175 — 30 vol. histoire du Pérou, Hermite en prison, histoire de la Ligue, de Duguesclin, etc.

176 — Madame Cottin, 8 vol., Valentin, 3 vol., Études de la nature, par Bernardin de Saint-Pierre, etc.

177 — Histoire de France d'Anquetil, 13 vol., Louis XIV et sa Cour, 4 vol., l'Espion des Cours. *Cologne*, 1715, 6 vol.

178 — Histoire de Charthage, voyage de Lesseps, voyage en Afrique, voyage en Espagne, voyage à la Mer Rouge, voyage en Suisse, etc., 15 vol. in-8.

179 — La papesse Jeanne, Entretiens sur la pluralité des mondes, par Fontenelle; de l'Amour, les Quatre-Ages, Conseil à l'amitié, etc., 10 vol. in-12, reliés.

179 bis. — Napoléon, par O'Meara, Gouvernement et Restauration, par M. Guizot, Amérique, par de Pradt, Campagne de 1814, par Kock, etc., 9 vol. in-8, dem.-rel.

180 — Précis de l'histoire universelle, par Anquetil. *Paris, Janet.* 1818, 8 vol. in-8, dem.-rel.

181 — Dictionnaire universel, par Bouillet. *Paris, Hachette*, 1843, in-8.

182 — Dictionnaire géographique , par Marc-Carthy. *Paris*, 1824, 2 vol. in-8, br.

183 — Histoire ancienne, Histoire romaine et Traité des études, par Rollin. *Paris*, 1740, 16 vol. in-4, dem.-rel., portrait de Rollin, gravé par Ravenel, en tête.

184 — Mémoires de Comminges. *Bruxelles*, 1714, 4 vol. in-8, v.

185 — Bibliothèque latine et française, Tite-Live, par M. Liez. *Paris, Panckoucke,* 1830, 17 vol. in-8, dem.-rel.

186 — Histoire de France, par Velly et Villaret. *Paris,* 1757, 30 vol. in-12, v. f. fil.

186 bis. — Revue encyclopédique, par MM. Carnot et Le Roux. *Paris,* in-8, dem.-rel. du 24ᵉ au 56ᵉ volume.

187 — Dictionnaire historique ou histoire abrégée des hommes célèbres, par une société de gens de lettres. *Paris, Le Roy,* 1789, 9 vol. in-8, v. granit, fil. tr. dor.

188 — Les œuvres de Plutarque. *Paris, Cussac,* 1787, 22 vol. in-8, basanne, fil. tr. dor.

189 — Histoire de l'art chez les anciens, par Vinckelman. *A Leipsic,* 1181, 3 vol. in-4, v. fauve, filet.

189 bis. — Collection de voyages, par Béranger. 10 vol. in-8, dem.-rel.

190 — Esquisses d'une philosophie, par Lamenuais. *Paris, Pagnerre,* 1840, 3 vol. in-8, br.

191 — OEuvres complètes de M. de Lamennais. *Paris, Daubrée,* 1836-37, 12 vol. in-8, dem.-rel.

192 — Essais de philosophie, par Remusat. *Paris, Ladrange,* 1842, 2 vol. in-8, brochés.

193 — Victoires et conquêtes des Français. *Paris, Panckoucke,* 27 vol. in-8, dem.-rel. et atlas in-fol.

194. — Les rues de Paris, par Louis Lurine. *Paris,
Louis Kugelman*, 1844, 2 vol. gr. in-8,
dem.-rel.

195 — Dictionnaire des rues de Paris, par Lazare.
In-4, dem.-rel.

196 — Histoire de Paris, par Dulaure. *Paris, Guil-
laume*, 1822, 7 vol. in-8, dem.-rel.

197 — Histoire des Cent Jours et de la Restauration et de 1830, par Dulaure. *Paris,
Poirée*, 1845, 8 vol. in-8, br. fig.

198 — Guide du voyageur en France. *Paris, Didot*,
1834 à 38, 6 vol. in-8, v. rose fil. tr.
dor. Plus, l'Univers pittoresque, Italie,
2 vol. in-8, dem.-rel.

199 — Voyage en Italie, par Valery. *Paris, Lenor-
mand*, 1830, 5 vol. in-8, dem.-rel.

200 — La Grèce, par Pouqueville. *Paris, Didot*,
1826, 6 vol. in-8, dem.-rel.

201 — Guerre de la Péninsule, par le général Foy,
Paris, Beaudouin, 1827, 4 vol in-8, dem.-
rel.

202 — Mémoire de Sainte-Hélène, par le comte de
Las Cases. *Paris, Bourdin*, 1842, in-8,
dem.-rel. fig. en bois.

203 — Les œuvres de Buffon, précédées d'une no-
tice sur la vie de l'auteur, par Lacépède.
Paris, Rapet, 1817, 19 vol. in-8, cart.

203 bis — Dictionnaire d'histoire naturelle de Bo-
mare. 1791, 15 vol. in-8, bas.

204 — Chronique de l'œil de bœuf. *Paris, Barbier*,
1832, 8 vol. in-8, dem.-rel.

205 — Biographie des contemporains. *Paris, Librairie historique*, 1822, 20 vol. in-8, dem.-rel.

206 — Essai de Montaigne. *Amsterdam*, 1781, 3 vol. v. gr. fil.

207 — Essais de Montaigne. *Paris, Servières*, 1793, 3 vol. in-8, bas.

208 — Heptameron français. Contes de la reine de Navarre. *Berne, la nouvelle Société typographique*, 1780, 2 vol. in-12, gr. pap., dem.-rel., non rogné, fig.

209 — Œuvres d'Horace, traduction de Campenon, 2 vol.

210 — Roland furieux, de l'Arioste. *Paris, Brunet*, 1775, 4 vol. in-8, v. écaille, fil. tr. dor., fig.

211 — Jérusalem délivrée, traduction de Baour de Lormian. *Paris, Delaunay*, 1819, 3 vol. in-8, dem.-rel.

212 — Satyre Ménippée. *Ratisbonne*, 1752. — Satyre de Juvénal, 1782.

213 — Bibliothèque étrangère de littérature. *Paris, Ladvocat*, 1823, 3 vol. in-8, dem.-rel.

214 — Théâtre de Pierre Corneille. 1764, 10 vol. in-8, v. rac., fig. de Gravelot.

215 — Œuvres de Boileau. *La Haye*, 1721, 4 vol. in-12, v. fauve, fil., fig. de Bernard Picart.

216 — Les œuvres de Boileau. *Paris, Lefèvre*, 1821, 4 vol. in-8, bas. fil, fig.

217 — OEuvres complètes de Piron, publiées par Rigoley de Juvigny. *Paris*, 1776, 8 vol. in-8, v. f. fil. tr. dor.

218 — OEuvres de Molière, 1788, 6 vol. in-8, bas.

219 — OEuvres de Regnard. *Paris, de l'imprimerie de Monsieur*, 1789, 4 vol. in-8, v. f. fil. tr. dor.

220 — OEuvres de Crébillon. *Paris, les libraires associés*, 1785, 2 vol. in-8, v. r. fil. tr. dor. fig. de Marillier.

221 — OEuvres de Thomas. *Amsterdam*, 1773, 4 vol. in-12, v. f. fil. tr dor.

222 — OEuvres d'Helvétius. *Paris, Servière*, 1792, 5 vol. in-8, v. gr. fil.

223 — Les œuvres de Voltaire. 1789, *de la Société typographique*, 70 vol. in-8, bas. fig. de Moreau le jeune.

224 — OEuvres complètes de Rousseau. *De l'imprimerie de la Société typographique*, 1793, 34 vol. in-12, m. r. tr. dor.

225 — Histoire de Manon Lescaut. In-16, v. gr.

226 — Théâtre de Poisson, 2 vol. bas. *Paris, Duchesne*, 1766.

227 — Les œuvres de M. Delafosse. *Paris, les libraires associés*, 1747, 2 vol. in-12, v. f. fil. tr. dor.

228 — Lettre de madame de Sévigné. *Paris*, 1785, 10 vol. in-12.

229 — Les saisons de Thomson. *Paris*, 1779, in-8, v. éc. fil. tr. dor.

230 — Paradis perdu de Milton. 1768, *les libraires associés*, 3 vol. in-12, v. gr. fil., aux armes.

231 — Les mille et une nuits, par Ed. Gaulhier, *Paris, Colin de Plancy*, 1823, 7 vol. in-8, dem.-rel.

232 — Histoire du Chevalier Grandisson. *Amsterdam*, 1777, 4 vol. in-12, v. gr. fil. tr. dor.

233 — Clarisse Harlowe. *Genève*, 1785, 10 vol. in-8, dem.-rel. non rognés, fig.

234 — Œuvres complètes de Duval. *Paris, Barba*, 1822, 9 vol. in-8, dem.-rel.

235 — Dictionnaire de la Fable, par Noël. *Paris*, 2 vol. in-8.

236 — Le diable amoureux, par Cazotte, orné de 200 dessins par Ed. de Beaumont. *Paris, Gautier*, 1845, in-8, dem.-rel.

237 — Les Mystères de Paris, par E. Sue. *Paris, Gosselin*, 1843, 10 vol. in-8, br.

238 — Notre-Dame de Paris, par Victor Hugo. *Paris, Renduel*, 1832, deux tomes en 3 vol. in-8, dem.-rel.

239 — Cent Proverbes illustrés, par Granville. *Paris, Fournier*, 1845, gr. in-8, dem.-rel.

240 — Mémoires d'une contemporaine. *Paris, Ladrocat*, 8 vol. in-8, dem.-rel.

241 — Les chansons de Béranger. *Paris, Perrotin*, 1834, 4 vol. in-8, dem.-rel. figures.

POÉSIES BURLESQUES, SATYRÉS, PAMPHLETS, FACÉTIES, ETC.

Publiés dans le 17ᵉ et 18ᵉ siècle, petits in-12, in-16, et in-18, la plupart reliés en maroquin, par Derome, Mouillé, et autres relieurs du temps.

242 — Dictionnaire philosophique portatif. *Londres,* 1764, in-8, m. r. fil. tr. dor.

243 — Mémoires historiques concernant les amours des rois de France. *Paris, vis-à-vis le cheval de bronze,* 1739, in-16, m. v. f. tr. dor.

244 — Les amours d'Anne d'Autriche, épouse de Louis XIII, avec le cardinal de Richelieu, le véritable père de Louis XIV, aujourd'hui roi de France. *A Cologne, Pierre Marteau.* 1696, in-16, m. v. dent. tr. dor. doublé de tabis.

245 — Conseil privé de Louis-le-Grand, assemblé pour trouver les moyens par de nouveaux impôts de pouvoir continuer la guerre contre les alliés. *Versailles, par l'abbé de la Resource, logée aux taxes nouvellement créés,* 1696, in-16, m. r. dent. tr. dor. figures.

246 — Les vies de François de Beaumont, baron des Adrets, de Charles Dupuy et de Calignon, par Guy Allard. *Grenoble, Jean Nicolas,* 1675, in-12, m. v. dent. tr. dor.

247 — Mémoire de la minorité de Louis XIV. *A Villefranche*, 1620, in-12, m. v. tr. dor.

248 — Discours merveilleux de la vie, acte et déportement de la reine Catherine de Médicie, mère des rois François II, Charles IX et Henri III, suivant copie. *Imprimé à La Haye*, 1663, in-16, v. fauve, filet.

249 — Les aventures de la Madona et de François d'Assise, par M. Renout. *Amsterdam, les héritiers de Daniel la Feuille*, 1745, in-12, m. r. fil. tr. dor.

250 — Les femmes, lettres du chevalier de K. à la marquise ***. *La Haye*, 1754, in-12, m. r. fil. tr. dor.

251 — Recueil de ces messieurs, Aradi, histoire espagnole. *Amsterdam*, 1745, in-12, m. r. tr. dor. fil. — Le Pot Pourri, ouvrage de ces messieurs et ces dames. *Amsterdam, aux dépens de la compagnie*, 1748, m. r. fil. tr. dor.

252 — Histoire des amours de Chereas et Callirhoë. *Paris, Ganneau*, 1773, 2 vol. in-12, m. r. f. tr. dor.

253 — Rome, Paris et Madrid, ridicules, avec des remarques historiques et recueil choisi de poésies. *Paris, chez Pierre-le-Grand*, 1713, in-12, m. r. f. tr. dor.

254 — Mémoires Turcs, par un auteur turc de toutes les académies mahométanes, etc. *Amsterdam, par la société*, 1776, 2 vol. in-12, fil. tr. dor. fig.

255 — Poésie d'Anacréon. *Amsterdam*, 1716, in-12,
m. r.

256 — Les Ecosseuses ou œufs de Pâques, suivies
de l'histoire du porteur d'eau, ou les
amours de la ravaudeuse; 2ᵐᵉ partie des
étrennes de la Saint-Jean. *Troyes, chez la
veuve Oudot, S. D.* in-12, m. r. fil. tr.
dor. en tête une vignette gravée en bois.

257 — Recherches sur l'origine du despotisme orien-
tal, œuvres posthumes de Boullanger,
Londres, 1763, in-12, m. r. fil. tr. dor.

258 — L'Eloge de la folie, d'Erasme, traduit par
M. de Gueudeville, *Paris*, 1757, in-8, v.
fig. d'Eisen.

259 — Les quinze joyes du mariage, etc. *La Haye*,
1726, in-12, v. éc. fil.

260 — De l'amitié, par M. de Sacy. *Paris, Bailly*,
1784, mar. r. fil. tr. dor.

261 — Histoire du prince Apprius, par M. Esprist.
Imprimé à Constantinople, 1729, m. r.
fil. tr. dor.

262 — Soirée du bois de Boulogne, par M. le comte
de ***. *La Haye*, 1724, 2 vol. in-16, m.
r. fil. tr. dor.

263 — Comte de Pogge Florentin. *Amsterdam*,
1712, in-16, m. r. fil, tr. dor.

264 — Histoire de Geoffroy, surnommé à la grande
dent, sixième de Melusine, prince de Lu-
signan. *Paris, veuve Barbin*, 1700, in-16,
rac. fil.

265 — Discours économiques non moins utile que récréatifs, monstrant comme cinq cents liures pour une fois employées, l'on peut tirer par an quatre mille cinq cens liuures de proffit honneste qui est le moyen de faire profiter son argent, par M. le président Prudent le Choyselat. *A Rouen, chez Martin le Ménestrier*, 1612, in-8, v. r.

266 — Histoire prodigieuse et lamentable de Jean Faust, grand magicien avec son testament et sa vie épouvantable. *A Cologne*, 1712, in-12, m. v. dent. tr. doré.

267 — Les chansons de Gautier Garguille, nouvelle édition suivant la copie imprimée à Paris en 1731. *Londres*, 1658, in-12, v, r., en tête le portrait de Gautier Garguille.

268 — La vie de Pierre Arétin, par M. de Boispreaux. *A La Haye, Jean Neaulme*, 1750, in-12, v. f. fil. tr. dor., en tête le portrait de l'Arétin.

269 — Le nouvel an, poëme héroï-fou, à *Brochure-marine*, l'an du déluge des almanachs 1757. — La félicité des chiens, dialogue 1737. — La Peironye aux enfers, chez Minos. — Généalogie à Mme Sallé, par M. Desforges Maillard, 1737, — La voix des capucins, etc., un vol. in-16, v. r.

270 — Mémoires de madame de Pompadour, écrits
par elle même. *A Liège,* 1766, in-12, m.
v. fil. tr. doré.

271 — Mémoires de la vie de Théodore d'Agripa
d'Aubigné, ayeul de madame de Mainte-
non, écrits par lui-même, avec le mémoire
de Maurice de la Tour, et relation de la
cour de France en 1700, et Priolo, et
madame de Mucy. *Amsterdam,* 1731,
in-12, mar. v. fil. tr. dor.

272 — Œuvres choisies de J.-B. Rousseau. *Amsterdam,* 1777, 2 vol. in-16, m. r. fil. tr.
dor.

273 — Fables choisies mises en vers par M. de La
Fontaine. *Paris, les libraires associés,*
1735, in 16, m. v. tr. dor.

274 — Contes de La Fontaine, in-12, *Londres,* m.
v. tr. dor.

275 — Conte mis en vers par un petit cousin de
Rabelais. *Londres,* 1775, in-8, v. granit,
vignette.

276 — L'anti-Lucrèce, poëme par le cardinal de
Polignac. *Paris, Nyon,* 1757, 2 vol. in-12,
m. v. fil. tr. doré.

277 — Œuvres de madame et mademoiselle Des-
houlières. *Paris, les libraires associés,* 1764,
2 vol. in-16, m. v. f. tr. dor., relié par
Mouillé.

278 — La politique du temps, traitant de la puis-
sance, autorité et du devoir des princes,
des divers gouvernements, jusques où
l'on doit supporter la tyrannie, etc. *La
Haye*, 1650, in 8, m. r. lil. tr. dor.

279 — Recueil philosophique. *Londres*, 1770, in-12,
m. r. f. tr. dor.

280 — Tableau philosophique du genre humain,
depuis l'origine du monde jusqu'à Cons-
tantin. *Londres*, 1770, un vol. in-12, m.
r. f. tr. dor.

7080 — PARIS. — Imp. Maulde et Renou, rue Bailleul, 9-11.